Lieblings-
Kochrezepte

Dieses Buch
gehört:

Zwergenstübchen

Zwergenstübchen

Lieblings-Kochrezepte

Kaufmann Verlag

Jubiläum

200 Jahre Kaufmann-Verlag
und 20 Jahre Zwergenstübchen

haben wir zum Anlass genommen, dieses wunderschöne Kochbuch gefüllt mit den Lieblings-Rezepten der Leser zusammenzustellen und Ihnen zu präsentieren. Tag für Tag bekommen wir viele Briefe, in denen uns die treuen Zwergenstübchen-Fans mitteilen, welche Rezepte zu ihren Favoriten geworden sind, mit denen sie ihre Lieben verwöhnen. Einfache, gut schmeckende Gerichte, die leicht nachzukochen sind und köstlich schmecken – auch Ihre Familie und Freunde werden begeistert sein. Probieren Sie die vielfältigen Lieblings-Kochrezepte der Zwergenstübchen-Leser aus – wir drücken Ihnen jedenfalls ganz fest die Daumen, dass alles gut gelingt.

Herzliche Grüße aus der Zwergenstübchen-Küche
Elke und Timo Schuster

Französischer Käse-Salat

Zutaten:

1/2 Kopfsalat, 400 g französischer Weichkäse, 400 g Cocktail-Tomaten, 1 Becher Naturjoghurt, 1/2 Becher Crème fraîche, 4 Esslöffel weißer Balsamico-Essig, 3 Esslöffel Olivenöl, 1 Zwiebel, etwas Zucker, Salz und Pfeffer, etwas Schnittlauch

Zubereitung:

Eine Platte mit Salatblättern auslegen, darauf Käsescheiben und halbierte Tomaten geben. Joghurt, Crème fraîche, Essig, Öl, feingehackte Zwiebel, Zucker und Gewürze verrühren, über den Salatzutaten verteilen, mit Schnittlauchröllchen bestreut servieren.

ZWERGENSTÜBCHENS SPÄTZLESKÜCHE

Grundrezept Spätzlesteig

Zutaten:
Entsprechend den Angaben beim jeweiligen Rezept

Zubereitung:
Mehl, Eier, Salz, Wasser verrühren und zu einem zähen Teig schlagen bis er Blasen wirft. 4 l Wasser mit etwas Salz zum Kochen bringen. In die Spätzlespresse Teig füllen, diesen in das kochende Wasser drücken (statt der Spätzlespresse kann auch ein Spätzleshobel verwendet werden). Die Spätzle, sobald sie hochsteigen mit einem Schaumlöffel herausnehmen, durch frisches, heißes Wasser ziehen und gut abgetropft in eine Schüssel geben.

Spätzle sind ein echtes schwäbisches Gericht. Ganz typisch für das Schwabenland sind die handgeschabten Spätzle. Hierzu einen kleinen Teil des Teiges auf das nasse Spätzlesbrett geben. Dieses leicht schräg über den Topfrand halten. Den Teig dünn zum Brettrand hin glattstreichen und entweder mit einem Spätzlesschaber oder einem etwas längeren Messer dünne Teigstreifen in das kochende Salzwasser schaben (Schaber bzw. Messer immer wieder in das Wasser tauchen). Auf den folgenden Seiten gibt es nun für unsere Zwergenstübchenfreunde schmackhafte Kostproben aus der vielseitigen Spätzlesküche.

RAHMSPÄTZLE

Zutaten:
400 g Mehl
4 Eier
etwas Salz
ca. $^{1}/_{8}$ l Wasser
40 g Butter
1 Becher süße Sahne
2 Eßlöffel Essig

Zubereitung:
Mehl, Eier, Salz, Wasser zu einem Spätzlesteig verarbeiten. Die Spätzle nach dem Grundrezept zubereiten. Anschliessend in eine vorgewärmte Schüssel füllen. Für die Soßenzubereitung Butter schmelzen lassen, unter Rühren Sahne zugeben und erhitzen. Danach den Essig einrühren. Vor dem Servieren die Soße über die Spätzle gießen.

GURKENSPÄTZLE

Zutaten:
350 g Mehl
4 Eier
etwas Salz
ca. 1/8 l Wasser
1 Zwiebel
etwas Butter
1 Salatgurke
1 Eßlöffel Mehl
1 Tasse Wasser
etwas Salz, Pfeffer
und Dill
1 Eßlöffel Kräuteressig
2 Eßlöffel saure Sahne

Zubereitung:
Mehl, Eier, Salz, Wasser zu einem Spätzlesteig verarbeiten. Bevor man die Spätzle nach dem Grundrezept Seite 6 fertig zubereitet wird die Gurkengemüse-Soße hergestellt. Hierfür kleingehackte Zwiebel in heißer Butter glasig dünsten. Die feingehobelten Gurkenscheiben zugeben, kurz mitdünsten. Das Mehl darüberstäuben, gut umrühren, mit Wasser ablöschen und würzen. Bei schwacher Hitze ca. 10 Minuten köcheln lassen (in der Zwischenzeit die Spätzle kochen). Zum Schluß Essig sowie Sahne unter die Gurkengemüse-Soße ziehen. Diese über die heißen Spätzle gießen.

Die Gurkenspätzle sind ein besonders leckeres Zwergenstübchengericht. Ebenso gut schmeckt es, wenn statt der Gurkenscheiben Zucchini verwendet werden. Ausprobieren lohnt sich, wir wünschen Guten Appetit!

JEDEM SPATZ SEIN SPÄTZLE

1. Krautspätzle

Zutaten:
1 Zwiebel
etwas Öl
300 g Sauerkraut
etwas Kümmel
einige Wacholderbeeren
$^{1}/_{8}$ l Gemüsebrühe
300 g Mehl
3 Eier
etwas Salz
ca. $^{1}/_{8}$ l Wasser
etwas Butter

Zubereitung:
Kleingehackte Zwiebel in heißem Öl glasig dünsten. Sauerkraut, Kümmel, Wacholderbeeren kurz mitdünsten. Gemüsebrühe dazugeben, zugedeckt bei schwacher Hitze ca. 20 Minuten garen. Mehl, Eier, Salz, Wasser zu einem Spätzlesteig verarbeiten. Die Spätzle nach dem Grundrezept Seite 6 zubereiten. In eine gefettete Auflaufform schichtweise abwechselnd Spätzle sowie Sauerkraut füllen. Zum Schluß als letzte Lage Spätzle, Butterflöckchen darauflegen. Im vorgeheizten Backofen bei 180 Grad ca. 15 Minuten überbacken. In der Zwischenzeit Zwiebelringe in heißer Butter goldbraun rösten und vor dem Servieren über den Krautspätzle verteilen.

2. Käsespätzle

Zutaten:
500 g Mehl
5 Eier
etwas Salz
ca. $^{1}/_{4}$ l Wasser
200 g geriebener Hartkäse
80 g Butter
2 Zwiebeln

Zubereitung:
Mehl, Eier, Salz, Wasser zu einem Spätzlesteig verarbeiten. Die Spätzle nach dem Grundrezept Seite 6 zubereiten. In eine vorgewärmte Schüssel schichtweise Spätzle und Käse füllen. Zum Schluß als letzte Lage Spätzle, darüber die in heißer Butter gerösteten Zwiebelstückchen geben. Die Käsespätzle schmecken am allerbesten, wenn sie heiß gegessen werden.

3. Spinatspätzle

Zutaten:
400 g Mehl
4 Eier
etwas Salz
etwas Wasser
200 g pürierter Spinat
etwas Butter

Zubereitung:
Einen sehr festen Spätzlesteig aus Mehl, Eiern, Salz, Wasser herstellen (da der Spinat reichlich Flüssigkeit enthält). Den Spinat dazugeben, gut in den Teig einarbeiten. Die grünen Spätzle nach dem Grundrezept Seite 6 zubereiten. Diese in eine vorgewärmte Schüssel geben und mit zerlassener, heißer Butter übergießen.

4. Paprikaspätzle

Zutaten:
400 g Mehl
4 Eier
etwas Salz
ca. 1/8 l Wasser
2 Eßlöffel Paprikapulver
etwas Butter

Zubereitung:
Mehl, Eier, Salz, Wasser und Paprikapulver zu einem Spätzlesteig verarbeiten. Die roten Spätzle nach dem Grundrezept Seite 6 zubereiten. Diese in eine vorgewärmte Schüssel geben und mit zerlassener, heißer Butter übergießen.

KRÄUTERSPÄTZLE

Zutaten:

350 g Mehl
4 Eier
etwas Salz
ca. 1/8 l Wasser
1 Bund Petersilie
1 Bund Schnittlauch
1 Becher süße Sahne
150 g geriebener Hartkäse
etwas Salz und Pfeffer

Zubereitung:

Mehl, Eier, Salz, Wasser zu einem Spätzlesteig verarbeiten. Die Spätzle nach dem Grundrezept Seite 6 zubereiten. Danach Petersilie fein hacken und Schnittlauch in kleine Röllchen schneiden. Kräuter, Sahne, Käse unter die fertigen Spätzle mischen, gut würzen. Alles in eine gefettete Auflaufform füllen. Im vorgeheizten Backofen bei 180 Grad ca. 25 Minuten backen.

LEBERSPÄTZLE

Zutaten:
250 g Mehl
2 Eier
250 g feingehackte
Rinds- oder Kalbsleber
etwas Salz und Majoran
3 Eßlöffel kleingehackte
Petersilie
evtl. etwas Wasser
1 Zwiebel
etwas Butter

Zubereitung:
Mehl, Eier, Leber, Gewürze und evtl. etwas Wasser zu einem Spätzlesteig verarbeiten, nach dem Grundrezept Seite 6 zubereiten. Die Spätzle in eine vorgewärmte Schüssel füllen. Zwiebelringe in heißer Butter rösten, vor dem Servieren über die Leberspätzle geben.

FEINE ZWERGEN-KNÖPFLE

Zutaten:
500 g Mehl
5 Eier
etwas Salz
ca. 1/4 l Wasser
250 g Bratwurstbrät
1 Bund Petersilie

Zubereitung:
Die Knöpfle gehören ebenfalls zu den Spätzle. Auch hier aus Mehl, Eiern, Salz, Wasser einen Spätzlesteig herstellen (Grundrezept Seite 6). In diesen Bratwurstbrät sowie feingehackte Petersilie einarbeiten. Mit einem Teelöffel kleine Teigmengen (Knöpfle) abstechen und in das kochende Salzwasser geben (ansonsten die Knöpfle wie Spätzle kochen).

Eine weitere Knöpfle-Variation bekommt man, indem das Bratwurstbrät durch kleingeschnittene, geräuchte Schinkenwurst ausgetauscht wird. In einer Fleisch- oder Gemüsebrühe sind die Knöpfle eine gute Suppeneinlage. Ebenso fein schmecken die Zwergen-Knöpfle mit verquirlten Eiern in heißer Butter angebraten.

LECKERES AUS HACKFLEISCH

1. Überbackene Frikadellen

Zutaten:
1 Brötchen vom Vortag
1 Zwiebel
$^1/_2$ Bund Petersilie
etwas Öl
600 g Hackfleisch
1 Ei
etwas Salz, Pfeffer,
Paprika und Majoran
3 Tomaten
60 g geriebener Hartkäse

Zubereitung:
Das zuvor in Wasser eingeweichte, gut ausgedrückte Brötchen mit kleingewürfelter Zwiebel und feingehackter Petersilie in heißem Öl andünsten. Etwas abgekühlt zu dem Hackfleisch geben, Ei und Gewürze zufügen, gut vermischen. Daraus Frikadellen formen, diese in heißem Öl von beiden Seiten anbraten. Anschließend jede Frikadelle mit einer Tomatenscheibe belegen, Hartkäse darauf verteilen und im vorgeheizten Grill kurz überbacken.

2. Würstchen und Kugeln

Zutaten:
500 g Hackfleisch
1 Zwiebel
1 Ei
2 Esslöffel Tomatenmark
$^1/_2$ Bund Petersilie
etwas Salz, Pfeffer
und Oregano
Semmelbrösel
etwas Öl

Zubereitung:
Hackfleisch, kleingewürfelte Zwiebel, Ei, Tomatenmark, feingehackte Petersilie und Gewürze gut vermischen. Daraus kleine Würstchen bzw. Kugeln formen. Diese in Semmelbrösel wenden, anschließend in heißem Öl schwimmend ausbacken. Dazu schmeckt besonders gut Kartoffelsalat.

KARTOFFELSALAT

Zutaten:
1 kg festkochende Kartoffeln
1/4 l Gemüse- oder Fleischbrühe
3 Esslöffel Essig
1 kleine Zwiebel
1 Teelöffel Salz
etwas Pfeffer
5 Esslöffel Öl
Schnittlauchröllchen

Zubereitung:
Die gekochten, geschälten, noch warmen Kartoffeln in dünne Scheiben schneiden. In die heiße Brühe den Essig, kleingehackte Zwiebel sowie die Gewürze geben, leicht abkühlen lassen. Das Öl vorsichtig unter die Kartoffeln ziehen. Anschließend mit der gewürzten Brühe übergießen, zugedeckt etwa eine Stunde durchziehen lassen. Vor dem Servieren Schnittlauchröllchen darüber streuen.

KARTOFFELN MIT MOZZARELLA

Zutaten:
1 kg Kartoffeln
etwas Öl
etwas Salz und Pfeffer
200 g Champignons
5 Tomaten
etwas Knoblauchsalz
125 g Mozzarella-Käse
1/2 Becher süße Sahne
1 Bund Petersilie

Zubereitung:
Kartoffeln schälen, in Scheiben schneiden. Öl in einer Pfanne erhitzen, Kartoffelscheiben zufügen, würzen, ca. 10 Minuten anbraten (dabei Deckel auflegen). Die Kartoffeln wenden, blättrig geschnittene Champignons und Tomatenscheiben darüber geben (Tomaten zuvor enthäuten), alles gut würzen. Anschließend die Mozzarella-Scheiben darauf verteilen und mit Sahne begießen (Pfanne wiederum zudecken). Das Gericht in weiteren 20 Minuten fertig garen. Danach mit feingehackter Petersilie anrichten.

SAUERKRAUT MIT TOMATEN

Zutaten:
2 Zwiebeln
etwas Öl
750 g Sauerkraut
7 Tomaten
je 1/2 Becher süße
und saure Sahne
etwas Salz und
Paprika
50 g geriebener Hartkäse

Zubereitung:
Die kleingehackten Zwiebeln in heißem Öl glasig dünsten. Eine gefettete Auflaufform nacheinander mit Sauerkraut, Zwiebeln, Tomatenscheiben (Tomaten zuvor enthäuten) belegen. In dieser Reihenfolge weiter schichten bis alle Zutaten aufgebraucht sind. Tomatenscheiben als letzte Lage darauf geben. Sahne, Gewürze vermischen, über das Sauerkraut-Tomatengericht gießen und mit Käse bestreuen. Im vorgeheizten Backofen bei 200 Grad etwa 45 Minuten backen.

ÜBERBACKENER KARTOFFELBREI

Zutaten:

1 kg Kartoffeln
50 g Butter
etwas Salz und geriebene Muskatnuss
1/2 l Milch
1 Zwiebel
etwas Öl
600 g Champignons
1/2 Becher Crème fraîche
1 Teelöffel Speisestärke
etwas Kräutersalz und Pfeffer
1/2 Bund Petersilie
50 g geriebener Hartkäse

Zubereitung:

Gekochte, geschälte Kartoffeln noch heiß durch die Kartoffelpresse drücken. Butter, Salz, Muskatnuss dazugeben und die heiße Milch einrühren. Den Kartoffelbrei so lange schlagen bis er weiß und locker ist. Zwiebelwürfelchen in heißem Öl glasig dünsten. Blättrig geschnittene Champignons zufügen, kurz mitdünsten. Crème fraîche und Speisestärke verquirlen, mit den Champignons vermischen, gut würzen, feingehackte Petersilie unterrühren. Kartoffelbrei als Ring in eine gefettete Auflaufform geben, Champignons in die Mitte füllen, über diese den Hartkäse streuen. Nun im vorgeheizten Backofen bei 200 Grad ca. 25 Minuten backen.

SCHINKEN-LASAGNE

Zutaten:
375 g Lasagne-Platten
1 Zwiebel
etwas Öl
1 Paprikaschote
250 g roher Schinken

Soße:
30 g Butter
30 g Mehl
200 ml Gemüsebrühe
200 ml Milch
2 Ecken Kräuter-Schmelzkäse
etwas Salz, Pfeffer
und Basilikum

30 g geriebener Parmesankäse

Zubereitung:
Lasagne-Platten wie Nudeln kochen. Nach dem Abtropfen diese einzeln auf einem Tuch trocknen lassen.

Feingehackte Zwiebel in heißem Öl glasig dünsten. Paprika- und Schinkenwürfelchen zufügen, kurz mitdünsten. Für die Soße Butter erhitzen, Mehl einrühren, mit Gemüsebrühe und Milch ablöschen.

Bei schwacher Hitze einige Minuten köcheln lassen. Danach den kleingeschnittenen Schmelzkäse unterrühren, gut würzen. In eine gefettete Auflaufform abwechselnd Lasagne-Platten, Soße, Paprika- und Schinkenwürfelchen geben.

Als Abschluss Lasagne-Platten legen, restliche Soße darüber verteilen. Die Schinken-Lasagne mit Parmesankäse bestreuen. Im vorgeheizten Backofen bei 200 Grad ca. 30 Minuten backen.

FEINER FISCH-AUFLAUF

Zutaten:
2 Stangen Lauch
4 Scheiben Fischfilet
etwas Zitronensaft
etwas Salz und Pfeffer
1 Zwiebel
etwas Öl
4 Tomaten
etwas Kräutersalz
1 Becher Crème fraîche
je 1/2 Bund Petersilie und Dill
etwas Salz und Pfeffer
50 g geriebener Hartkäse

Zubereitung:
Die Lauchringe blanchieren, abtropfen lassen, anschließend in eine gefettete Auflaufform füllen. Fischfilets mit Zitronensaft, Salz, Pfeffer würzen, auf den Lauch geben. Zwiebelwürfelchen in heißem Öl glasig dünsten. Nun die Fischfilets mit den Zwiebeln und Tomatenscheiben belegen, gut würzen. Crème fraîche, feingehackte Kräuter und Gewürze verrühren, auf den Tomaten verteilen, Käse darüber streuen. Im vorgeheizten Backofen bei 200 Grad ca. 30 Minuten backen.

KASSLER IM VERSTECK

Zutaten:
1 Zwiebel
etwas Öl
2 Paprikaschoten
300 g Champignons
400 g Lauch
1 Tomate
1 Esslöffel Tomatenmark
etwas Salz, Pfeffer
und Basilikum
500 g Kassler (gekochtes, ohne Knochen)
50 g geriebener Hartkäse

Zubereitung:
Feingehackte Zwiebel in heißem Öl andünsten. Paprikastreifen, blättrig geschnittene Champignons, Lauchringe sowie die enthäutete, zerkleinerte Tomate zufügen, kurz mitdünsten. Anschließend Tomatenmark einrühren, gut würzen. Die Kassler-Scheiben in eine gefettete Auflaufform legen, nun das Gemüse darauf verteilen und mit Käse bestreuen. Danach im vorgeheizten Backofen bei 200 Grad etwa 30 Minuten backen.

REIS MIT ZUCCHINI UND TOMATEN

Zutaten:
1 Zwiebel
2 Tassen Reis
etwas Olivenöl
4 Tassen Wasser
1 Gemüsebrühwürfel
etwas Salz und Pfeffer
200 g Pilze
1 Zucchini
3 Tomaten
etwas Knoblauchsalz
und Pfeffer
100 g Parmesan-Käse
etwa 5 Tomaten zum
Anrichten

Zubereitung:
Feingehackte Zwiebel und den Reis in heißem Öl glasig dünsten. Wasser, Gemüsebrühwürfel zufügen, gut würzen, etwa 30 Minuten garen.

Währenddessen die Pilze, Zucchini, gehäutete Tomaten klein schneiden, ebenfalls in heißem Öl dünsten, mit den Gewürzen abschmecken. Danach Gemüse und Parmesan unter den gekochten Reis mischen. Vor dem Anrichten Tomaten in Scheiben schneiden, in heißem Öl kurz erhitzen, mit Salz bestreuen. Nun die Tomatenscheiben auf einen Teller legen, den Gemüsereis darauf geben.

KÄSE-CHAMPIGNON-MEDAILLONS

Zutaten:
1 große Lende in Scheiben geschnitten
etwas Salz und Pfeffer
etwas Öl
1 Zwiebel
250 g gekochten Schinken
500 g Champignons
$^{1}/_{4}$ l Gemüsebrühe
1 $^{1}/_{2}$ Becher süße Sahne
etwas Salz, Pfeffer, Paprika
1 Esslöffel Speisestärke
100 g geriebener Hartkäse

Zubereitung:
Lendenscheiben würzen, in heißem Öl anbraten. Die Medaillons heraus nehmen, in eine gefettete Auflaufform legen. Zwiebelwürfel, Schinkenstreifen, blättrig geschnittene Champignons in dem Bratenfond andünsten. Anschließend mit Gemüsebrühe ablöschen. Sahne zufügen, gut würzen. Danach die mit etwas Wasser verquirlte Speisestärke unterrühren und kurz kochen lassen. Schinken-Champignon-Soße über die Medaillons geben, Käse darüber streuen. Im vorgeheizten Backofen bei 200 Grad etwa 45 Minuten backen.

HÄHNCHENFILET-EISBERGSALAT

Zutaten:
200 g Hähnchenbrustfilets
etwas Salz, Pfeffer,
Rosmarin und Paprika
etwas Öl

1 Eisbergsalat
1 Salatgurke
1/2 rote Paprikaschote
3 Esslöffel Kräuteressig
3 Esslöffel Olivenöl
etwas Kräutersalz
und Pfeffer
etwas Schnittlauch

Zubereitung:
Das Fleisch gut würzen, in heißem Öl kurz anbraten. Den Eisbergsalat in Stücke zerteilen, mit den Gurkenscheiben und Paprikastreifen in eine Schüssel geben. Essig, Öl, Salz, Pfeffer verrühren, unter die Salatzutaten mischen. Vor dem Servieren die abgekühlten, in Streifen geschnittenen Filets und Schnittlauchröllchen über dem Salat verteilen.

FLEISCH-SPIESSE

Zutaten:
4 Zwiebeln
1 kg Schweinehals
in Würfel geschnitten
etwas Salz und Pfeffer

Zubereitung:
Zwiebelringe und Fleischwürfel lagenweise in eine Schüssel geben. Über die Fleischwürfel Salz und Pfeffer streuen. Beim Schichten beachten, dass zu Beginn wie auch als Abschluss Zwiebelringe gelegt werden. Das Fleisch zugedeckt mindestens vier Stunden durchziehen lassen. Danach alle Zutaten gut vermischen, die Fleischwürfel auf Spieße stecken und grillen. Dazu die Zwiebelringe, Baguette und nach Belieben den leckeren Frischkäse-Dip reichen.

FRISCHKÄSE-DIP

Zutaten:
400 g Kräuter-Frischkäse
1 Becher Schmand
1 1/2 Becher saure Sahne
etwas Kräutersalz,
Pfeffer und Curry
etwas Senf
frische Kräuter
z.B. Petersilie,
Schnittlauch, Dill

Zubereitung:
Alle Zutaten cremig rühren, anschließend die feingehackten Kräuter untermischen.

ZITRONEN-SCHNITZEL

Zutaten:
6 Esslöffel Olivenöl
Saft einer Zitrone
3 Blättchen Basilikum

4 Schnitzel
etwas Öl
etwas Salz und Pfeffer aus der Mühle
2 Esslöffel gehackte milde Peperoni
1 Zitrone

Zubereitung:
Öl mit Zitronensaft verrühren, Basilikumblättchen dazugeben. Die Schnitzel etwa 2 Stunden in die Marinade legen, danach in heißem Öl anbraten, gut würzen. Anschließend das Fleisch aus der Pfanne nehmen und warm stellen. Die Marinade in den Bratenfond einrühren, Peperoni zufügen, ca. 15 Minuten köcheln lassen. Nun die Soße über das Fleisch gießen, mit Zitronenspalten garniert anrichten.

PARTY-WÜRSTCHEN

Zutaten:
1 Brötchen vom Vortag
1 Zwiebel
1/2 Bund Petersilie
etwas Öl
500 g Hackfleisch
2 Eier
etwas Salz, Pfeffer
und Majoran
8 Cocktail-Würstchen
Öl zum Ausbacken

Zubereitung:
Die zuvor in Wasser eingeweichten, gut ausgedrückten Brötchen mit Zwiebelwürfelchen und feingehackter Petersilie in heißem Öl andünsten. Etwas abgekühlt zum Hackfleisch geben, Eier, Gewürze zufügen, alles vermischen. Die Würstchen mit Hackfleisch umhüllen, in heißem Öl ausbacken.

PUTENRÖLLCHEN

Zutaten:
4 Putenschnitzel
etwas Salz, Pfeffer
und Paprika
4 Scheiben Lachsschinken
1/2 Paprikaschote
1/2 Zwiebel
etwas Öl
etwas geriebener Hartkäse

Zubereitung:
Alle Schnitzel gut würzen, diese mit je einer Scheibe Schinken belegen. Paprika- und Zwiebelwürfelchen in heißem Öl andünsten. Etwas abgekühlt auf den Schinken geben, den Käse darüber streuen. Nun jedes Schnitzel zusammen rollen, mit Zahnstocher feststecken. Die Putenröllchen in heißem Öl anbraten.

OLIVEN-GERICHT

Zutaten:
800 g Kartoffeln
etwas Knoblauchsalz
und Pfeffer
400 g Schafskäse
1 rote Paprikaschote
etwa 20 Oliven
etwas Majoran

Zubereitung:
Kartoffeln kochen, schälen, in Scheiben schneiden. Diese in eine gefettete Auflaufform schichten, gut würzen. Nun zerbröckelten Schafskäse, Paprikawürfel, Oliven, Majoran vermischen und auf den Kartoffeln verteilen. Im vorgeheizten Backofen bei 180 Grad ca. 30 Minuten backen.

LECKERES FLEISCHGERICHT

Zutaten:
4 Schweine Rückensteaks
3 Esslöffel Mehl
etwas Salz, Pfeffer
und Paprika
etwas Öl
1 Zwiebel
etwas Gemüsebrühe
1 $^{1}/_{2}$ Becher Schmand
1 Paprikaschote
150 g Erbsen
etwas Salz und Pfeffer

Zubereitung:
Die Steaks in dem mit Salz, Pfeffer und Paprika vermischten Mehl wenden, in heißem Öl beidseitig anbraten. Zwiebelringe dazugeben und mitbraten. Den Bratenfond mit etwas Gemüsebrühe ablöschen, Schmand einrühren, Paprikastreifen und Erbsen zufügen, gut würzen. Das Fleischgericht zugedeckt ca. 5 Minuten köcheln lassen.

FEINES NUDELGERICHT

Zutaten:

400 g Schmetterlings-Nudeln
etwas Salz
30 g Butter
1/4 Bund Petersilie
1 Paprikaschote
100 g gekochten Schinken
etwas Öl
50 g Parmesankäse
1 1/2 Becher süße Sahne
etwas Salz und Pfeffer
Schnittlauchröllchen

Zubereitung:

Nudeln in Salzwasser garen. Butter und feingehackte Petersilie unter die abgetropften Nudeln mischen, in eine gefettete Auflaufform füllen. Paprika- und Schinkenwürfelchen in heißem Öl andünsten, abkühlen lassen. Nun Parmesan sowie Sahne einrühren, gut würzen, danach über die Nudeln geben. Im vorgeheizten Backofen bei 200 Grad ca. 20 Minuten backen. Vor dem Servieren das Nudelgericht mit Schnittlauchröllchen bestreuen.

WURST-CHAMPIGNON-SCHNITZEL

Zutaten:
4 Schnitzel
etwas Salz und Pfeffer
etwas Mehl
etwas Öl
300 g Champignons
1 Zwiebel
200 g Schinkenwurst
150 g gekochten Schinken
je 1 1/2 Becher süße und saure Sahne
1 1/2 Becher Schmand
etwas Kräutersalz,
Pfeffer und Paprika

Zubereitung:
Die halbierten Schnitzel mit Salz und Pfeffer würzen, in Mehl wenden, anschließend in heißem Öl anbraten. Nun in einen Topf lagenweise die abgekühlten Schnitzel, blättrig geschnittene Champignons, Zwiebelringe, Wurst-, Schinkenwürfelchen geben.

Süße und saure Sahne sowie Schmand verrühren, gut würzen, über die Wurst-Champignon-Schnitzel gießen, zugedeckt ca. 12 Stunden kaltstellen. Danach im vorgeheizten Backofen ebenfalls zugedeckt bei 200 Grad ca. 1 Stunde garen.

QUARK-KARTOFFELN

Zutaten:
8 Kartoffeln
50 g Butter
125 g Quark
3 Esslöffel Schmand
2 Eigelb
50 g Lachsschinken
$^1/_2$ Bund Schnittlauch
etwas Salz und Pfeffer
2 Eiweiß

Zubereitung:
Alle gekochten Kartoffeln der Länge nach halbieren und aushöhlen. Nun die Kartoffelmasse mit der kleingeschnittenen Butter vermischen, abkühlen lassen. Danach Quark, Schmand, Eigelb, Schinkenwürfelchen, Schnittlauchröllchen zufügen, gut verrühren, würzen sowie das steifgeschlagene Eiweiß unterziehen. Anschließend die Kartoffeln damit füllen und auf ein gefettetes Backblech setzen. Im vorgeheizten Backofen bei 175 Grad ca. 20 Minuten backen.

REIS-PUTENGULASCH

Zutaten:
250 g Reis
1 Zwiebel
1/2 Stange Lauch
2 Möhren
2 Paprikaschoten
etwas Olivenöl
500 g Putengulasch
etwas Öl
etwas Salz, Paprikapulver und Pfeffer aus der Mühle
etwas Gemüsebrühe

Zubereitung:
Reis in Gemüsebrühe garen. Feingehackte Zwiebel, Lauchringe, Möhrenscheiben, Paprikawürfel in heißem Öl andünsten. Nun das Putengulasch in heißem Öl anbraten, gut würzen, mit Brühe ablöschen. Danach Reis und Gemüse zufügen, kurz erhitzen.

Kartoffel-Schinken-Reis

Zutaten:

1 Zwiebel, 150 g Kartoffeln, 200 g Reis, etwas Olivenöl,
3/4 l Gemüsebrühe, etwas Knoblauchsalz und Pfeffer,
100 g gekochten Schinken, 50 g geriebener Hartkäse

Zubereitung:

Feingehackte Zwiebel, Kartoffelwürfelchen, Reis in heißem Öl andünsten. Nun Gemüsebrühe zufügen, würzen und ca. 35 Minuten köcheln lassen. Danach kleine Schinkenstreifen sowie den Käse untermischen.

FEINE KARTOFFELN!

RAHMKARTOFFELN

Zutaten:
1 kg festkochende Kartoffeln
50 g Butter
1 feingehackte Zwiebel
100 g Schinkenwürfel
2 Esslöffel Mehl
1/4 l Fleisch- oder Gemüsebrühe
1/4 l Milch
etwas Salz, Pfeffer und Oregano
1/2 Becher Crème fraîche
Petersilie zum Bestreuen

Zubereitung:
Kartoffeln kochen, schälen, in Scheiben schneiden. Butter schmelzen, Zwiebel und Schinkenwürfel hineingeben, glasig dünsten. Danach das Mehl darin anschwitzen. Mit Brühe und Milch ablöschen (dabei ständig rühren, damit keine Klumpen entstehen). Die Soße ca. 10 Minuten bei geringer Hitze köcheln lassen, mit den Gewürzen abschmecken. Anschließend Crème fraîche unterziehen.
Die Kartoffelscheiben in der Soße erhitzen. Vor dem Servieren kleingehackte Petersilie darüberstreuen.

FEINE KARTOFFELN!

KARTOFFELGULASCH

Zutaten:

1 kg festkochende Kartoffeln
1 Zwiebel
1 grüne und
1 rote Paprikaschote
1/2 Knoblauchzehe
50 g durchwachsener Speck
etwas Öl
1/2 l Wasser
1 Gemüsebrühwürfel
1 Esslöffel Paprika edelsüß
etwas Salz, Pfeffer, Basilikum und Thymian
1/2 Becher Crème fraîche

Zubereitung:
Die geschälten Kartoffeln in kleine Würfel schneiden. Zwiebel kleinhacken, Paprikaschoten in Streifen schneiden, Knoblauchzehe zerdrücken. Den kleingeschnittenen Speck in heißem Öl anbraten, anschließend Zwiebel, Paprika, Knoblauch kurz mitbraten. Nun die Kartoffelwürfel dazugeben, mit dem Wasser ablöschen, Gemüsebrühwürfel sowie Gewürze einrühren. Das Ganze zum Kochen bringen, bei schwacher Hitze ca. 30 Minuten garen. Danach Crème fraîche unterziehen.

GURKENSUPPE

Zutaten:

1 Salatgurke
etwas Butter
$^{3}/_{4}$ l Gemüsebrühe
etwas Salz und Pfeffer
2 Teelöffel Speisestärke
1 Eigelb
$^{1}/_{2}$ Becher süße Sahne
etwas Dill

Zubereitung:

Die Gurke schälen, feine Scheiben schneiden und in heißer Butter andünsten. Brühe zufügen, ca. 10 Minuten kochen, danach pürieren, gut würzen. Nun die mit etwas Wasser verquirlte Speisestärke einrühren, kurz kochen lassen. Eigelb, Sahne verrühren und die Suppe damit legieren. Vor dem Servieren den feingehackten Dill darüber streuen.

ZWERGEN-KLÖSSCHEN-SUPPE

Zutaten:
100 g Butter
100 g Mehl
2 Eier
etwas Salz und
geriebene Muskatnuss
1 1/2 l Fleischbrühe
etwas Schnittlauch

Zubereitung:
Butter schaumig schlagen. Abwechselnd Mehl und Eier einrühren, gut würzen, 1 Stunde kaltstellen. Danach aus dem Teig mit zwei Teelöffeln kleine Klößchen formen und in die kochende Brühe geben, bei schwacher Hitze ca. 20 Minuten ziehen lassen. Vor dem Servieren Schnittlauchröllchen darüber streuen.

FRISCHKÄSE-SUPPE

Zutaten:
1 Zwiebel
2 Stangen Bleichsellerie
etwas Öl
600 g Kartoffeln
1 l Gemüsebrühe
etwas Salz, Pfeffer
und Oregano
200 g Frischkäse
etwas Petersilie

Zubereitung:
Zwiebel und Sellerie klein schneiden, in heißem Öl andünsten. Kartoffelwürfel und Gemüsebrühe zufügen, ca. 20 Minuten kochen, anschließend pürieren, gut würzen. Nun den Frischkäse einrühren, die Suppe kurz erhitzen (nicht kochen), mit feingehackter Petersilie bestreut servieren.

MAIS
ERBSEN
OREGANO

GEMÜSE-EINTOPF

Zutaten:
2 Zwiebeln
350 g Möhren
1 Paprikaschote
500 g Kartoffeln
etwas Öl
1/4 l Gemüsebrühe
etwas Knoblauchsalz,
Pfeffer und Oregano
1 Stange Lauch
350 g Erbsen
1 Glas Mais
2 Tomaten
2 Paar Wiener Würstchen
etwas Petersilie

Zubereitung:
Zwiebel-, Möhren-, Paprika- und Kartoffelwürfelchen in heißem Öl andünsten. Anschließend die Gemüsebrühe zugießen, gut würzen. Das Gemüse zugedeckt 20 Minuten köcheln lassen.

Danach Lauchringe, Erbsen, abgetropften Mais, Tomatenwürfel dazugeben (Tomaten zuvor enthäuten), alles vermischen und in etwa 10 Minuten fertig garen. Die Würstchen im Gemüse-Eintopf erhitzen und mit feingehackter Petersilie bestreut servieren.

FILET-EINTOPF

Zutaten:
1 Zwiebel
500 g Schweinefilet
500 g Champignons
etwas Öl
etwas Salz und Pfeffer
200 g Reis
$^{3}/_{4}$ l Fleischbrühe
etwas Petersilie

Zubereitung:
Zwiebel- und Fleischwürfelchen sowie blättrig geschnittene Champignons in heißem Öl anbraten, gut würzen. Reis und Brühe einrühren, zugedeckt bei schwacher Hitze ca. 30 Minuten garen. Vor dem Servieren feingehackte Petersilie darüber streuen.

BUNTER EINTOPF

Zutaten:
1 Zwiebel
500 g Kartoffeln
200 g Möhren
etwas Öl
etwas Salz, Pfeffer
und Oregano
$^1/_2$ l Gemüsebrühe
2 Kohlrabi
1 kleiner Blumenkohl
125 g Kasseler
etwas Petersilie

Zubereitung:
Zwiebel-, Kartoffel- und Möhrenwürfelchen in heißem Öl andünsten, gut würzen, anschließend die Brühe zufügen. Kohlrabischeiben, Blumenkohlröschen sowie das in kleine Streifen geschnittene Kasseler dazugeben. Den Eintopf bei schwacher Hitze ca. 15 Minuten köcheln lassen, mit feingehackter Petersilie bestreut servieren.

INHALT Seite

Verantwortlich:	Elke und Timo Schuster
Illustrationen S. 5 – 43:	Margret Hoss
Cover und sonstige Illustrationen:	Eva Zeidler und Manfred Rohrbeck
Fotografie:	Axel Waldecker

Bibliografische Information der Deutschen Bibliothek
Die Deutsche Bibliothek verzeichnet diese Publikation in der Deutschen Nationalbibliografie; detaillierte bibliografische Daten sind im Internet über http://dnb.ddb.de abrufbar.

2. Auflage 2021

Druck und Bindung: LEO Paper
ISBN 978-3-7806-2025-5

www.zwergenstuebchen-schuster.de

Die erfolgreichen

Elke und Timo Schuster
Margret Hoss
Aufläufe & Co.
64 S. / gebunden
29,7 x 21 cm
€ (D) 9,95 € (A) 10,30
ISBN 978-3-7806-2001-9

Elke und Timo Schuster
Johanna Ignjatovic
Backgeheimnisse
64 S. / gebunden
29,7 x 21 cm
€ (D) 9,95 € (A) 10,30
ISBN 978-3-7806-2000-2

Elke und Timo Schuster
E. Zeidler und M. Rohrbeck
Familienküche
48 S. / gebunden
29,7 x 21 cm
€ (D) 9,95 € (A) 10,30
ISBN 978-3-7806-2032-3

Elke und Timo Schuster
E. Zeidler und M. Rohrbeck
Backbuch
64 S. / gebunden
29,7 x 21 cm
€ (D) 9,95 € (A) 10,30
ISBN 978-3-7806-2011-8

Elke und Timo Schuster
E. Zeidler und M. Rohrbeck
Bäckerei
48 S. / gebunden
29,7 x 21 cm
€ (D) 9,95 € (A) 10,30
ISBN 978-3-7806-2022-4

Elke und Timo Schuster
Margret Hoss
Feine Waffeln - Tolle Muffins
64 S. / gebunden
29,7 x 21 cm
€ (D) 9,95 € (A) 10,30
ISBN 978-3-7806-2023-1

Elke und Timo Schuster
Margret Hoss
Backen für Freunde
64 S. / gebunden
29,7 x 21 cm
€ (D) 9,95 € (A) 10,30
ISBN 978-3-7806-2004-0

Elke und Timo Schuster
Margret Hoss
Geburtstagsbuch
64 S. / gebunden
29,7 x 21 cm
€ (D) 9,95 € (A) 10,30
ISBN 978-3-7806-2010-1

Koch- und Backbücher

Elke und Timo Schuster
Margret Hoss
Kartoffelkiste
64 S. / gebunden
29,7 x 21 cm
€ (D) 9,95 € (A) 10,30
ISBN 978-3-7806-2003-3

Elke und Timo Schuster
E. Zeidler und M. Rohrbeck
Pfannkuchen & Co.
64 S. / gebunden
29,7 x 21 cm
€ (D) 9,95 € (A) 10,30
ISBN 978-3-7806-2007-1

Elke und Timo Schuster
Margret Hoss
Salate
64 S. / gebunden
29,7 x 21 cm
€ (D) 9,95 € (A) 10,30
ISBN 978-3-7806-2024-8

Elke und Timo Schuster
Margret Hoss
Kochen für Freunde
64 S. / gebunden
29,7 x 21 cm
€ (D) 9,95 € (A) 10,30
ISBN 978-3-7806-2005-7

Elke und Timo Schuster
Margret Hoss
Reisküche
64 S. / gebunden
29,7 x 21 cm
€ (D) 9,95 € (A) 10,30
ISBN 978-3-7806-2009-5

Elke und Timo Schuster
Margret Hoss
Suppen & Eintöpfe
64 S. / gebunden
29,7 x 21 cm
€ (D) 9,95 € (A) 10,30
ISBN 978-3-7806-2015-6

Elke und Timo Schuster
Margret Hoss
Nudelzauber
64 S. / gebunden
29,7 x 21 cm
€ (D) 9,95 € (A) 10,30
ISBN 978-3-7806-2002-6

Elke und Timo Schuster
Margret Hoss
Rezepte für Feste
64 S. / gebunden
29,7 x 21 cm
€ (D) 9,95 € (A) 10,30
ISBN 978-3-7806-2021-7

Elke und Timo Schuster
E. Zeidler und M. Rohrbeck
Zauberhafte Backrezepte
64 S. / gebunden
29,7 x 21 cm
€ (D) 9,95 € (A) 10,30
ISBN 978-3-7806-2026-2

3 Bände nur 14,95 €
einzeln: 29,85 €

Elke Schuster / Timo Schuster
Eva Zeidler / Manfred Rohrbeck
Das große Weihnachtsbackbuch
192 S. / gebunden / 29,7 x 21 cm
€ (D) 14,95 € (A) 15,40
ISBN 978-3-7806-2034-7

Elke Schuster / Timo Schuster
Eva Zeidler / Manfred Rohrbeck
Johanna Ignjatovic / Margret Hoss
Das große Backbuch
184 S. / gebunden / 29,7 x 21 cm
€ (D) 14,95 € (A) 15,40
ISBN 978-3-7806-2035-4

Elke und Timo Schuster
Margret Hoss
Süße Früchte
64 S. / gebunden
29,7 x 21 cm
€ (D) 9,95 € (A) 10,30
ISBN 978-3-7806-2019-4

Lieblingsrezepte

Elke und Timo Schuster
Eva Zeidler und Manfred Rohrbeck
Margret Hoss
Lieblings-Kochrezepte
48 S. / gebunden / 26,8 x 19 cm
€ (D) 9,95 € (A) 10,30
ISBN 978-3-7806-2025-5

Elke und Timo Schuster
Eva Zeidler und Manfred Rohrbeck
Margret Hoss
Lieblings-Backrezepte
48 S. / gebunden / 26,8 x 19 cm
€ (D) 9,95 € (A) 10,30
ISBN 978-3-7806-2027-9

Elke und Timo Schuster
Eva Zeidler und Manfred Rohrbeck
Margret Hoss / Daniela Pohl
Lieblings-Weihnachtsrezepte
48 S. / gebunden / 26,8 x 19 cm
€ (D) 9,95 € (A) 10,30
ISBN 978-3-7806-2033-0

Elke und Timo Schuster
Margret Hoss
Torten-ABC
64 S. / gebunden
29,7 x 21 cm
€ (D) 9,95 € (A) 10,30
ISBN 978-3-7806-2014-9

Meine Lieblings-Kochrezepte